Dieses Buch wurde aus dem Englischen übersetzt.

Ein Kleiner Prinz im Land der Mullahs: Die wahre Geschichte eines jungen Iraners, der dem Mullah-Regime die Stirn bot

Copyright © National Council of Resistance of Iran — U.S. Representative Office, 2019.

Alle Rechte vorbehalten. Kein Teil dieser Monographie darf ohne schriftliche Genehmigung in irgendeiner Weise verwendet oder reproduziert werden, es sei denn, es handelt sich um kurze Zitate, die in Artikeln oder Rezensionen enthalten sind.

Erstmals veröffentlicht 2019 vom
Nationalen Widerstandsrat des Iran - US-Repräsentanz (NCRI-US),
1747 Pennsylvania Ave., NW, Suite 1125, Washington, DC 20006

ISBN-13 (gebundene Ausgabe) : 978-1-944942-33-5
ISBN-13 (ebook) : 978-1-944942-35-9

Kongressbibliothek Kontrollnummer : 2019941838

Kongressbibliothek Katalogisierung in der Publikationsdatenbank

Nationaler Widerstandsrat des Iran — US-Repräsentanz
Ein kleiner Prinz im Land der Mullahs
1. Iran. 2. Menschenrechte. 3. Massaker. 4. Mittlerer Osten. 5. Vereinte Nationen

Erste Ausgabe: Juli 2019
Gedruckt in den Vereinigten Staaten von Amerika

Diese Materialien werden vom Nationalen Widerstandsrat des Iran — US-Vertretung verteilt. Weitere Informationen sind beim Justizministerium, Washington, D.C., hinterlegt.

Ein kleiner Prinz im Land der Mullahs

Ahmad Raouf Basharidoust

1964—1988

*Die wahre Geschichte eines jungen Iraners,
der dem Mullah-Regime die Stirn bot*

Vorwort : Linda Chavez

Zum Geleit : Ingrid Betancourt

Biographie : Massoumeh Raouf *Basharidoust*

Szenario : Summer Harman

Dokumentation : Summer Harman, Massoumeh Raouf *Basharidoust*

Zeichnungen : Bunga, David Fernando Monroy Mallorca

Den Zeugen in Dankbarkeit

Große Veränderungen lassen sich nur bewirken, wenn du den Helden in dir akzeptierst, das aufgibst, was dir am liebsten ist, und das tust, was dir am schwersten fällt.

Die Geschichte unseres Helden beginnt....

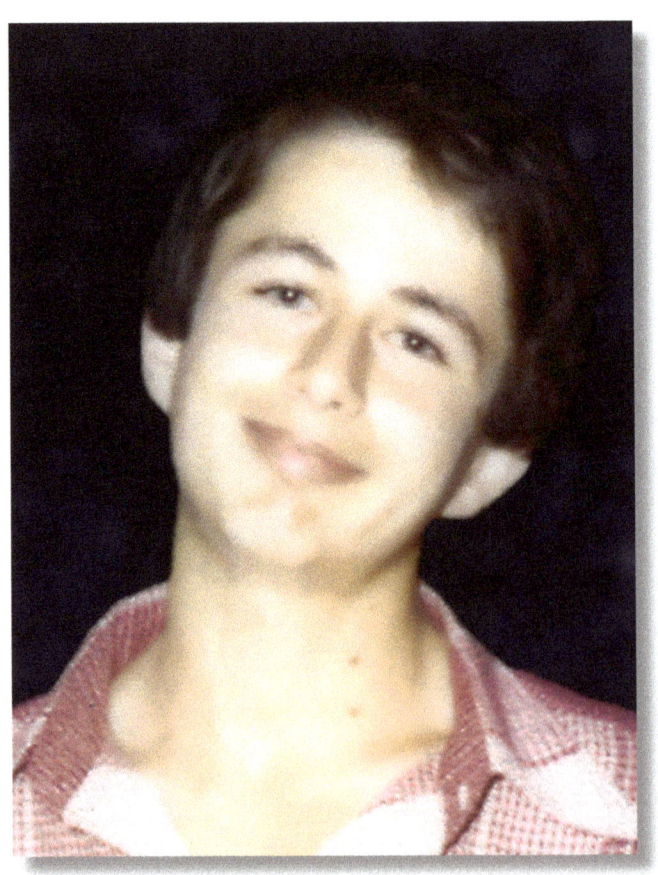

Ahmad Raouf Basharidoust

1964—1988

Vorwort

Ein kleiner Prinz im Land der Mullahs lässt vor unseren Augen einen kleinen Helden wieder lebendig werden. Es ist die Geschichte eines mutigen jungen Mannes, der sich nach dem Leben sehnt, das alle Jungen und Mädchen leben wollen: frei und glücklich sein und sich in seiner Heimat sicher fühlen. Aber die Zeit seines Erwachsenwerdens ist die Zeit, in der Ayatollah Khomeini den Iran in einen Alptraum verwandelt. Der Ayatollah und seine klerikalen Anhänger führen Gesetze ein, die das Leben jedes freiheitsliebenden Volkes unerträglich machen. Meinungsfreiheit und Versammlungsfreiheit werden verboten. Das Land, das auf eine große Geschichte und eine bedeutende Kultur zurückblicken kann, verarmt. Der freie, gleichberechtigte Zugang zur Bildung wird Frauen verwehrt, und der Klerus bestimmt, was gelehrt werden darf.

Der Held dieser Geschichte ist ein gewöhnlicher Junge mit einem außergewöhnlichen Herzen und einem außergewöhnlichen Mut. Er kann nicht tatenlos zusehen, wie seine Familie, seine Gemeinschaft und sein Land auseinander gerissen werden. Er beschließt, für seine Überzeugung zu kämpfen und schließt sich, wie viele Jugendliche seiner Generation, der führenden Oppositionsbewegung, den Mujahedin-e Khalq, an. Aber die Mullahs dulden keinen Widerspruch. Wie Zigtausende andere leidet der kleine Prinz. Er übersteht Verhaftung, Folter und opfert schließlich sein Leben.

Dies ist die Geschichte von 30.000 Iranern, die meisten nicht einmal 30 Jahre alt, die nicht tatenlos bleiben wollten. Sie bezahlten mit ihrem Leben, aber sie sind für uns alle eine Inspiration. Mit dem Mord der Unschuldigen, den Ayatollah Khomeini und sein Regime 1988 begingen, fand das Morden jedoch nicht sein Ende, sondern geht seit 30 Jahren bis heute weiter. Die Nachfolger Khomeinis sind genauso blutrünstig und gefährlich wie der Ayatollah. Aber die meisten

Menschen wissen nichts von dieser schrecklichen Gräueltat. Wir alle müssen wachsam sein und dafür sorgen, dass sich das Opfer von Menschen wie dem kleinen Prinzen heute nicht unbemerkt wiederholen.

Linda Chavez

Linda Lou Chavez war Direktorin für Öffentlichkeitsarbeit im Weißen Haus und Staff Director der U.S. Commission on Civil Rights. Sie wurde von der Menschenrechtskommission der Vereinten Nationen für eine vierjährige Amtszeit als US-Expertin bei des UN-Unterausschusses zur Bekämpfung von Diskriminierung und zum Schutz von Minderheiten gewählt.

Zum Geleit

Ahmads Geschichte, die hier als Comic erzählt wird, ist sicher keine Geschichte für Kinder.

Und trotzdem wollte seine Schwester Massoumeh sie uns in dieser Form erzählen. Vielleicht weil diese Geschichte, die sie seit 30 Jahren in ihrem Herzen trägt, Bilder erweckt, die zu überwältigend sind. Bilder ihres eigenen Lebens, Bilder, die sich schmerzlich in ihr Bewusstsein eingegraben haben, Bilder, die sie nicht vergessen wollte.

Massoumeh wollte nicht eine Geschichte schreiben wie andere auch, schreiben, die dann von ihrem Bruder handeln würde. Sie verweigert sich nüchternen Statistiken und politisch korrekten Analysen. Massoumeh will, dass wir mit unseren Emotionen das verstehen, was wir mit dem Verstand nicht begreifen können.

Sie muss ihren Bruder vor unseren Augen lebendig werden lassen, damit wir ihn kennenlernen, damit wir ihn in unserer Umgebung, in unserer Zeit und - wer weiß - vielleicht zuletzt auch in unserem Herzen wahrnehmen.

Die Geschichte ihres kleinen Bruders zu erzählen ist gewiss ein Bedürfnis, aber es ist vor allem ein Recht. Sie muss dem Heroismus ihres Bruders Ahmad ein Denkmal setzen, seiner Seelengröße, seiner Schönheit, seinem Charisma. Deshalb zeichnet sie ihn, deshalb lässt sie ihn für uns sprechen, denn sie weiß, dass er sein bester Fürsprecher ist.

Auf jeder neuen Seite entdecken wir ihn, voll Tatkraft, Im Kreise seiner Familie, in seiner Wohnung, auf der Straße, in der Schule, vor dem Hintergrund der schönen Landschaften seines Heimatlandes. Wir begegnen seinen Freunden und mit ihnen seinen Träumen und seinen Ängsten. Ahmad steht vor uns, schelmisch, intelligent, mutig, poetisch. Wir sehen ihn aufwachsen im Chaos des Iran der 80er Jahre.

Er musste erwachsen werden, fast gegen seinen Willen, und sicher zu früh: die Gewalt, mit der die Diktatur Khomeinis den Iran überzieht, ließ ihm keine andere Wahl.

Ahmad führt uns ins Herz des iranischen Widerstandes – den der Volksmojahedin. 20 Jahre alt, lässt er uns mit seinen Weggenossen von einer besseren Zukunft träumen, ohne Unterdrückung, ohne Fanatismus, ohne Diskriminierung.

Und in der erdrückenden, frauenfeindlichen Welt der Mullahs verehrt er als Heldinnen seine Mutter und seine Schwester: eine Schwester, der die Flucht aus dem Gefängnis gelingt, und eine Mutter, deren Leben unter der Unnachgiebigkeit der Henker des Regimes erlischt.

Die Geschichte des kleinen Prinzen im Land der Mullahs zeigt uns ungeschminkt das menschliche Drama von Millionen Iranern. Mit Ahmad können wir dieses Drama sehen, erleben und verstehen, damit die Wahrheit nicht länger verborgen bleibt, Gerechtigkeit geübt wird und sich der sehnliche Wunsch der iranischen Bevölkerung nach Freiheit erfüllt.

Ingrid Betancourt

Ingrid Betancourt, eine kolumbianisch-französische Politikerin, wurde 1998 Senatorin in Kolumbien.
Im Jahr 2002, als sie für die Präsidentschaftswahl kandidierte, wurde sie von der FARC entführt und im kolumbianischen Dschungel in Geiselhaft gehalten, bis sie 2008 gerettet wurde. Nach ihrer Freilassung setzte sie ihren Kampf gegen Menschenrechtsverletzungen überall in der Welt fort und setzt sich für die Menschen ein, die leiden und keine Stimme haben.

Finde den Helden in dir

Jeder will!
Irgendwann einmal ein Abenteuer erleben, einem Geheimnis begegnen, in die Fußstapfen eines Helden treten und die Welt verändern.
Meine Geschichte ist eine Botschaft, die den Helden in dir wecken wird.
Meine Geschichte und meine Botschaft wurden von finsteren Mächten jahrzehntelang ausgelöscht.... Aber wenn du diese Seiten liest werde ich wieder lebendig.
Denn die Finsternis kann nur siegen, wenn wir die Hoffnung aufgeben.
Hör mir zu, hör dir meine Geschichte an und hilf mir, die Hoffnung in diesen dunklen Zeiten am Leben zu erhalten.
Trag die Botschaft weiter. Inspiriere andere.
Du wirst die Welt verändern.

KAPITEL 1

HALLO, HIER BIN ICH !

23 August 1964 – Astara, eine Stadt am Kaspischen Meer

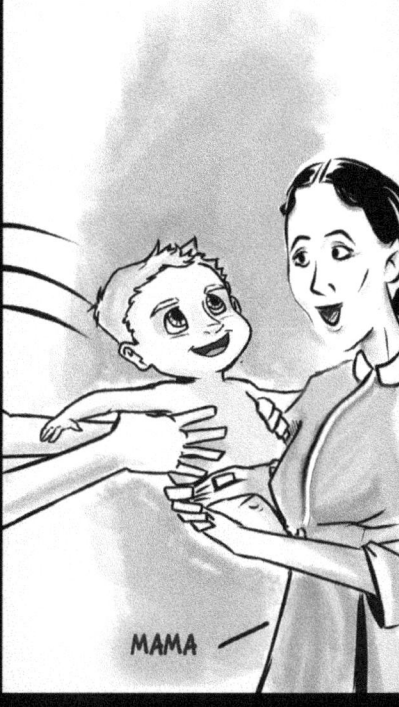

Tja, wie du siehst: ich wurde geliebt. Bald darauf stellte ich aber fest, dass einem das Leben auf harte Proben stellt.... und dass ich sie bestehen musste, um zu dem zu werden, der ich sein wollte.

Wie man so hört, war ich wohl nicht immer einfach zu bändigen... Schon mit 2 Jahren war ich ein Krieger und ein Krieger ist ein Jäger - er nimmt sein Ziel ins Visier, überlegt, handelt. Niemand kann ihn herumschubsen oder für ihn entscheiden. Ein Krieger beobachtet, wägt ab, erst dann handelt er.

Ein berühmtes Sprichwort sagt: „Neugier ist der Katze Tod." Allerdings nur, wenn sich die Katze erwischen lässt! Ich wusste, dass uns die Erwachsenen nicht alles sagen und es dauerte nicht lange, bis ich die Wahrheit herausbekam.

KAPITEL 2

EIN FUNKE SPRINGT ÜBER

Meine Mutter sagte mir oft, dass Nettigkeit und Großzügigkeit nicht dasselbe sind. Wir werden gütiger, wenn wir jemandem helfen, reicher, wenn wir geben, und tapferer, wenn wir teilen.

Kraaack!!

GESCHAFFT!! SIE NENNEN MICH DEN ABRISSINGENIEUR... NA, DEN NAMEN MUSS ICH MIR DOCH VERDIENEN, ODER?

??!

WAS MACHST DU DA?

ICH HAB DER FAMILIE NEBENAN EINEN RADIOAPPARAT VERSPROCHEN..

WERDEN MAL SEHEN, OB ER FUNKTIONIERT..

AUS DEM SCHROTTHAUFEN?

Meine Welt, meine Entscheidung – Iranisches Neujahrsfest Nowruz 1978
Nun weiß ich, dass es drei verschiedene Sorten Mensch gibt: Die, die etwas
bewirken, die, die reden und die Dinge geschehen lassen, und die, die das
Unvorstellbare tun, um Schlechtes zu verhindern.
Ich habe mich sehr bald für eine Gruppe entschieden.

JA... VERÄNDERUNGEN STANDEN BEVOR.

IN DEN NÄCHSTEN SECHS MONATEN ENTSTAND EIN NEUER IRAN

Proteste in den großen Städten Täbris und Isfahan werden gewaltsam niedergeschlagen.

Der Streik der Zeitungen führt zum Generalstreik des Basars und erfasst am 21. Oktober 1978 auch die Erdölindustrie.

Oktober 1978: Der Schah ersucht den französischen Präsidenten Valéry Giscard d'Estaing um Asyl für Khomeini. Dieser war in Bagdad im Exil und sollte nach Kuwait ausgewiesen werden.

6. November 1978: Gholam Reza Azhari, General der iranischen Streitkräfte, wird zum Premierminister ernannt und verhängt das Kriegsrecht.

11. Dezember 1978: 17 Millionen Menschen demonstrieren friedlich gegen General Azhari, der behauptet hatte, es gebe keine Proteste und die Demonstranten benützten Tonbänder, um den Leuten Protestmärsche vorzugaukeln.

EREIGNISSE VOR DER REVOLUTION VON 1979

4.-7. Januar 1979: Auf der Konferenz von Guadeloupe zwischen Großbritannien, Frankreich, den USA und der Bundesrepublik Deutschland wird auch die Lage im Iran diskutiert.

4. Januar 1979: Die Interimsregierung unter Khomeini ernennt Bazargan zum Premierminister.

8. Januar 1979: Der französische Präsident Giscard d'Estaing übermittelt Khomeini die vertrauliche Botschaft des US-Präsidenten Jimmy Carter, dass eine „Revolution" im Iran unbedingt verhindert werden muss.

16. Januar 1979: Die letzten politischen Gefangenen werden aus den Gefängnissen des Schahs befreit. Darunter auch mein Vorbild, Massoud Rajavi.

19. Januar 1979: Der Schah verlässt den Iran.

1. Februar 1979: Nach mehreren Jahren des Exils kehrt Khomeini von Paris nach Teheran zurück.

Die Menschen fordern die schahtreue Armee weiter mit dem Ruf „Legt Eure Waffen nieder!" heraus. Khomeini, der selbsternannte Geistliche, lehnt dies jedoch ab und trifft heimlich weitere Abmachungen, wie die Medien später berichteten.

Es wird scharf geschossen und mehrere Demonstranten kommen ums Leben.

**11. Februar 1979
Die Wende**

Ein Meer aus Blut und Hoffnung für einen neuen Iran.

Das Regime fällt. Die Revolution triumphiert. Die Dynastie der Pahlavi endet und ein neues Zeitalter beginnt.

Millionen feiern in den Straßen das Glück, das sie sich selbst erkämpft haben.

*Im Jargon der Fundamentalisten wird eine ältere Respektsperson „Hadji" genannt.

KAPITEL 3

EIN NEUER MONAT UND WIEDER VERÄNDERUNGEN

„Dein Leben beginnt, wenn du dein Schicksal in die Hand nimmst".

Cyrus der Grosse

DIE VERÄNDERUNGEN IM IRAN WAREN DER ANFANG VOM ENDE – ES GELANG UNS NICHT, DIE SCHWER ERKÄMPFTE FREIHEIT ZU VERTEIDIGEN

18. Februar 1979: Khomeini gründet seine eigene „Partei der Islamischen Republik" und die Basidsch, eine paramilitärische Miliz zur Kontrolle der Bevölkerung.

23. Februar 1979: Massoud Rajavi, Leiter der PMOI (Organisation der VolksMojahedin) bringt öffentlich seine Besorgnis angesichts der jüngsten Entwicklungen zum Ausdruck und verlangt, ausnahmslos alle Bevölkerungsschichten gleichberechtigt am Entscheidungsprozess zu beteiligen.

3. März 1979: Die iranische Hisbollah greift Büros politischer Vereinigungen an, auch die der PMOI.

10. März 1979: Tausende Frauen nehmen teil an einer Protestkundgebung gegen den Hidschab-Zwang. Unterstützt werden sie dabei von fortschrittlichen politischen Fraktionen wie der PMOI.

18. März 1979: Kurdische Proteste im Nordwesten des Irans werden niedergeschlagen.

23. März 1979: Friedliche Protestkundgebungen ethnischer turkmenischer Minderheiten werden gewaltsam aufgelöst.

31. März 1979: In einem Referendum soll das Volk in einer nicht geheimen Wahl über die Bildung einer „Islamischen Republik" mit JA oder NEIN abstimmen. Eine andere Staatsform steht nicht zur Wahl.

14. April 1979: Die Söhne von Ayatollah Taleghani, einem populären Rivalen Khomeinis, der einen gemäßigten Islam vertritt, werden verhaftet. Die Presse berichtet über die Proteste gegen diese Verhaftungen.

DIE FRAGE DER DEMOKRATIE SPALTET DIE GESELLSCHAFT INNERHALB WENIGER MONATE.

DAS NATIONALE REFERENDUM, DAS AUS DEM IRAN EINE „ISLAMISCHEN REPUBLIK" MACHT, IST WEITGHEND MANIPULIERT. ES FOLGEN WEITERE VERHAFTUNGEN, DARUNTER DIE VON MOHAMMAD REZA SAADATI, EINEM PROMINENTEN EHEMALIGEN POLITISCHEN GEFANGENEN UND PMOI-MITGLIED.

Khomeini nimmt öffentlich gegen alle Fraktionen Stellung, die sich für die Demokratie einsetzen, und bezeichnet sie als Feinde des Islam.

3. August 1979: Zur Überwachung des Wandels wird die Expertenversammlung aus überwiegend khomeinitreuen Mullahs eingerichtet.

14. August 1979: Es finden schwere Angriffe auf PMOI-Büros statt.

17. August 1979: In einer Fernsehansprache bedauert Khomeini, dass er nicht sofort öffentliche Hinrichtungen anordnete, um die zunehmende Opposition zu verhindern.

18. August 1979: Khomeini befiehlt die sofortige militärische Unterwerfung der kurdischen Bevölkerung.

20. August 1979: Das regierungstreue Blatt "Kayhan" berichtet über das Verbot von 22 Zeitungen.

2. Dezember 1979: Am nationalen Referendum über die sogenannte Islamische Verfassung nimmt die prodemokratische PMOI nicht teil, da der Verfassungsentwurf keinen Schutz der Grundrechte aller ethnischen Gruppen, religiösen Minderheiten und Frauen garantiert. Die PMOI schlägt dagegen die Bildung einer Plattform für Frieden und Demokratie vor, die grosse Zustimmung findet.

KAPITEL 4

DEN HELDEN IN MIR FINDEN!

20. Januar 1980: Großer Erfolg: Unsere Initiative hat sich herumgesprochen!..

Ein bekanntes Sprichwort sagt:
    Demokratie und Freiheit werden dir nicht auf einem Silbertablett serviert...
Du musst sie dir erkämpfen. Zunächst musst du alles verlieren... Freiheit und Demokratie werden gedeihen, wenn wir ihren Samen mit Weisheit, Ausdauer und Tapferkeit schützen...

Februar 1980:
Während wir lasen brachte uns meine Schwester die neuesten „Nachrichten":

WO WARST DU DENN?

WIR LESEN GRADE UNSERE GRUPPENÜBUNG SCHWESTERCHEN.

NA JA, IHR MÜSST ABER AUF DEM LAUFENDEN SEIN. DIE DINGE ENTWICKELN SICH SCHNELL. WIR VERTEIDIGEN UNSERE LISTE PROGRESSIVER KANDIDATEN, DAMIT DIE EXTREMISTEN NICHT DAS PARLAMENT MONOPOLISIEREN. EIN GEMEINSAMER PROGGRESSIVER SCHRITT.

LIES DAS!!

MENSCH!! DAS IST JA FANTASTISCH !!

SCHAUT MAL, FREUNDE ! DAMIT SETZEN WIR DIESE ALTEN KRÖTEN SCHACHMATT!!

TOLL... DAS IST DER WEGBEREITER FÜR UNSERE SCHLACHT GEGEN DIE DUNKLEN MÄCHTE. GERADE JETZT, WO EINE FAKTION NACH DER ANDEREN UMFÄLLT UND NACHGIBT... ES GIBT IMMER NOCH HOFFNUNG.

MACH SCHON. LIES LAUT VOR!!

Pressemitteilung
Freiheit ist die Voraussetzung des Fortschritts in jeder Gesellschaft.
Deshalb glauben wir an:
- die aktive Beteiligung der Bürger am Entscheidungsfindungsprozess in den Räten
- Gedanken-, Rede- und Meinungsfreiheit
- keine ethnische/religiöse Diskriminierung
- Gleichstellung der Geschlechter
- Pressefreiheit
- einen nationalen Fond für alle Bereiche der Gesellschaft und Förderung des Wohlstand

GEWINNEN WIR DAMIT ZEIT?

HÖRT GUT ZU FREUNDE!!

NICHT BLOSS ZEIT, WIR...

VERHINDERN EINE BLUTIGE REPRESSION. WIR WERDEN UNS NIEMALS IN DIE KNIE ZWINGEN LASSEN.. ABER DIE MENSCHEN MÜSSEN ERFAHREN, WAS SICH HINTER ALL DEM VERBIRGT.

Die Initiative der Mojahedin (PMOI) verschaffte allen progressiven Kräften im Land genug Zeit, ihre Kandidaten für die Wahl aufzustellen.
Da wir damals weder Twitter, Facebook noch SMS hatten, konnten sich Nachrichten nur auf der Straße verbreiten.

März 1980: Die Versammlung in Rascht fand im Sportstadion statt.
Über 300.000 Menschen kamen, um das von Massoud Rajavi vorgestellte Wahlprogramm der jungen Generation zu hören. Die Versammlung wurde von Schurken der Regierung mit dem Schlachtruf „Tod den Heuchlern" angegriffen.

Unser Team wurde mit der Sicherheit für diese Versammlung betraut – eine tolle Erfahrung. Und im Gegensatz zu Versammlungen in Teheran und anderen Städten, die in einem Blutbad endeten, konnten wir hier Schlimmes verhindern.
Wie heißt es doch: „Stürme lassen die Wurzeln der Eichen tiefer wachsen."

ENDE JUNI 1980 STAND FEST, DASS UNSERE ZIELE REALISTISCH WAREN. WIR HATTEN DAS UNVORSTELLBARE VOLLBRACHT, WAR ES UNS DOCH GELUNGEN, DIE REVOLUTION VON 1979 FÜR FREIHEIT UND DEMOKRATIE AM VOLLSTÄNDIGEN SCHEITERN ZU HINDERN.
TROTZ ALLEN TRICKS UND BETRÜGEREIEN, TROTZ DEN ANGRIFFEN AUF ALLES, WAS WIR HATTEN, WURDEN EINIGE PROGRESSIVE KANDIDATEN TATSÄCHLICH GEWÄHLT. ALLERDINGS WURDEN SIE AM BETRETEN DES PARLAMENTS GEHINDERT.

April 1980: In mehreren provozierenden Fernsehansprachen fordert Khomeini die irakische Bevölkerung auf, sich gegen die „Tyrannen" zu erheben. Den Streit mit dem Nachbarland bricht er vom Zaun, um von seinen innenpolitischen Problemen, nämlich dem Kampf für die Demokratie im Iran abzulenken und kritische Stimmen zum Schweigen zu bringen.

18. April 1980: Bei blutigen Angriffen auf Universitäten durch verbrecherische Khomeinianhänger und Revolutionswächter sterben 16 Menschen, 208 werden schwer verwundet. Insgesamt 500 Stätten werden unter dem Vorwand der „Kulturrevolution" verwüstet. Die Universitäten waren als Hochburgen progressiver Gruppen und Intellektueller bekannt.

12. Juni 1980: An der PMOI-Versammlung im Teheraner Amjadieh-Stadium zum Thema „Was können wir tun?' nehmen 200.000 Menschen teil. Die Veranstaltung wird von den organisierten Schurken des Regimes brutal angegriffen.

25. Juni 1980: Khomeini schlägt zurück. Er nennt die PMOI-Mitglieder „schlimmer als Ungläubige" und setzt die Schließung aller ihrer Büros durch. Danach bereitet er eine neue Front vor: den Krieg zwischen Iran und Irak.

22. September 1980: Ausbruch des iranisch-irakischen Krieges.

52

KAPITEL 5

20. JUNI 1981 – DIE WENDE

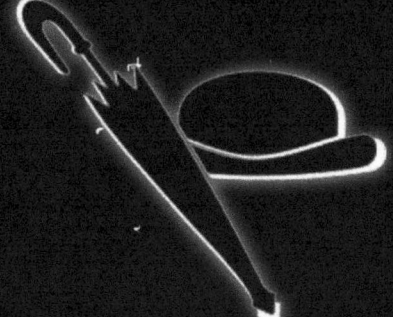

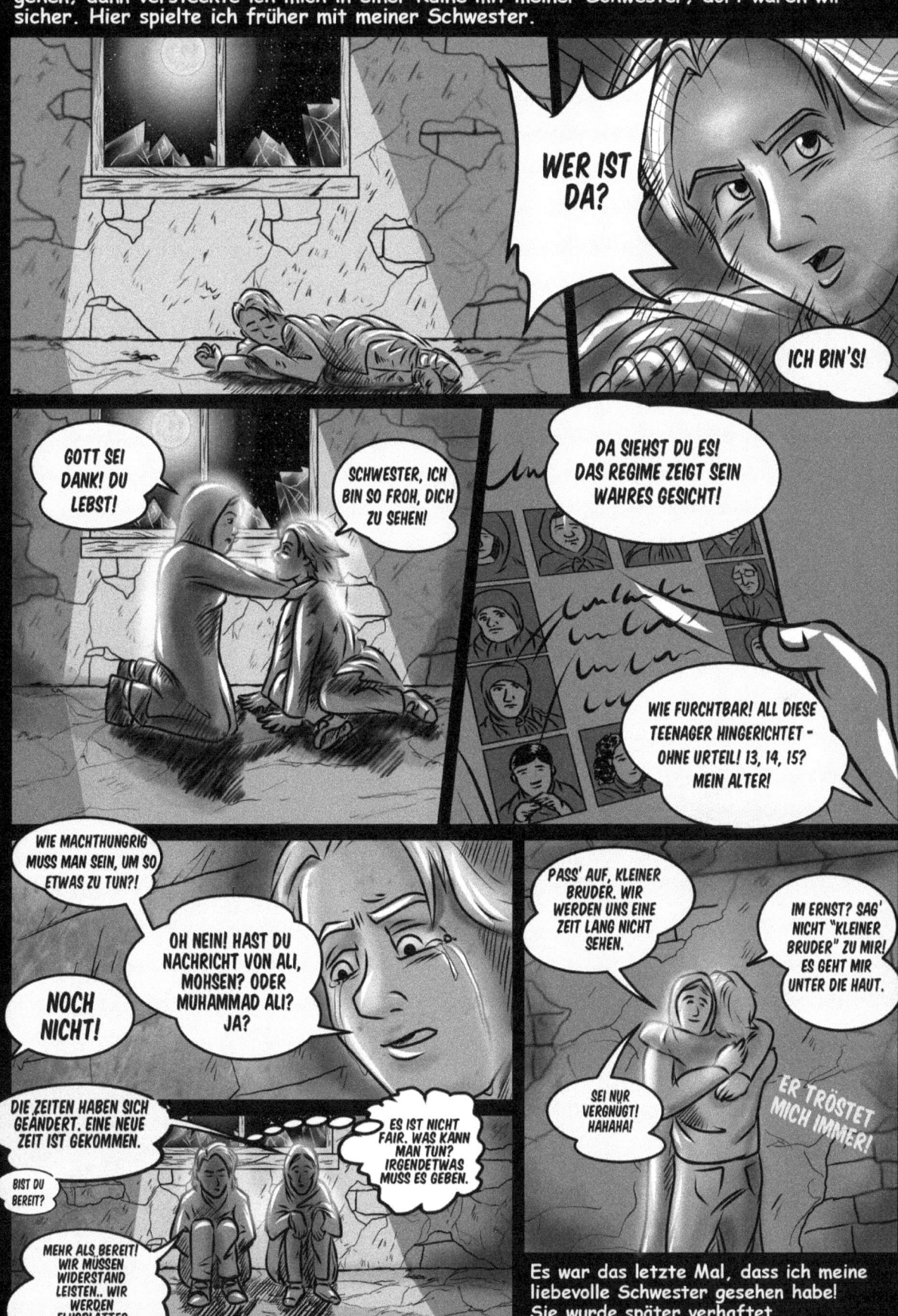

Nach einer Weile kam der Wagen zum Stehen. Ich konnte nichts sehen, um so aufmerksamer hörte ich zu.

MAMA!! MAMA!!
ACH MEIN SCHATZ!
BLEIB TAPFER!

ALS SIE SEINE MUTTER VERHAFTET HABEN, WAR ER BESTIMMT BEI IHR!

BRING DEN HIER ZUM HADJI...

WO BIN ICH? ICH KANN DURCH DIE BINDE NICHTS SEHEN UND DER KNEBEL HINDERT MICH AM SPRECHEN..

DER BODEN IST JA GANZ GLITSCHIG! EKLIG! UND WAS FÜR EIN GERUCH?! IST DAS BLUT?

Ich hörte das Gewimmer der Gefolterten..

MAMA!! MAMA!!
ACH, MEIN SCHATZ!
BLEIB TAPFER!

Ich wurde mit verbundenen Augen in einen Raum gebracht und dann fing es an..

WO TREFFT IHR EUCH? WIR WISSEN, DASS IHR EINE BOMBE IM BÜRO GELEGT HABT!

WIR SIND JETZT NOCH NETT MIT DIR, ABER NICHT MEHR LANGE!

ICH HAB ALLES KAPUTT GEMACHT!

SINNLOS, AUF WIDERSTAND ZU MACHEN, KLEINER...

DU BIST EIN GANZ FRECHER! HIER, NIMM DAS!!

SEHR GROSSZÜGIG! NIMM MIR DIE BINDE AB, DASS ICH MEINE GASTGEBER SEHEN KANN! IST DAS VIELLEICHT EINE ART, EINEN GAST ZU EMPFANGEN?!

BRING MIR DIE NASSE PEITSCHE.. WIR WECHSELN UNS AB. VON DIR WIRD NACHHER BLOSS NOCH EIN FINGER ÜBRIG SEIN! DU KRIEGST EINE SONDERBEHANDLUNG, DU RATTE!

SPRICH, DU *** ODER DU KRIEGST EINEN VORGESCHMACK VON UNSERER GASTFREUNDSCHAFT!!

DER IMAM HAT GESAGT, DASS WIR DICH UMBRINGEN KÖNNEN, DU RATTE!

ICH WERDE ES DEINER MUTTER BESORGEN, BEVOR ICH MIT DIR FERTIG BIN

MOSAYEB! UNSER CHEF!

DU UND DIE ANDEREN, IHR WERDET ENTWEDER HIER LANGSAM VERROTTEN ODER SCHNELL KREPIEREN, WENN IHR GLÜCK HABT!

KEINE NAMEN, DU IDIOT!

Nach ungefähr 300 Peitschenhieben wurde ich ohnmächtig.. ich erspare mir die grausigen Einzelheiten.

Mai 1982 – Gefängnis von Afsaran im ehemaligen Offizierskasino in Rascht

Trotz meiner Erschöpfung und meiner Verwirrung war mein oberstes Ziel in diesen ersten Stunden, die Situation in der Hand zu behalten.

KAPITEL 6

DAS FEUER

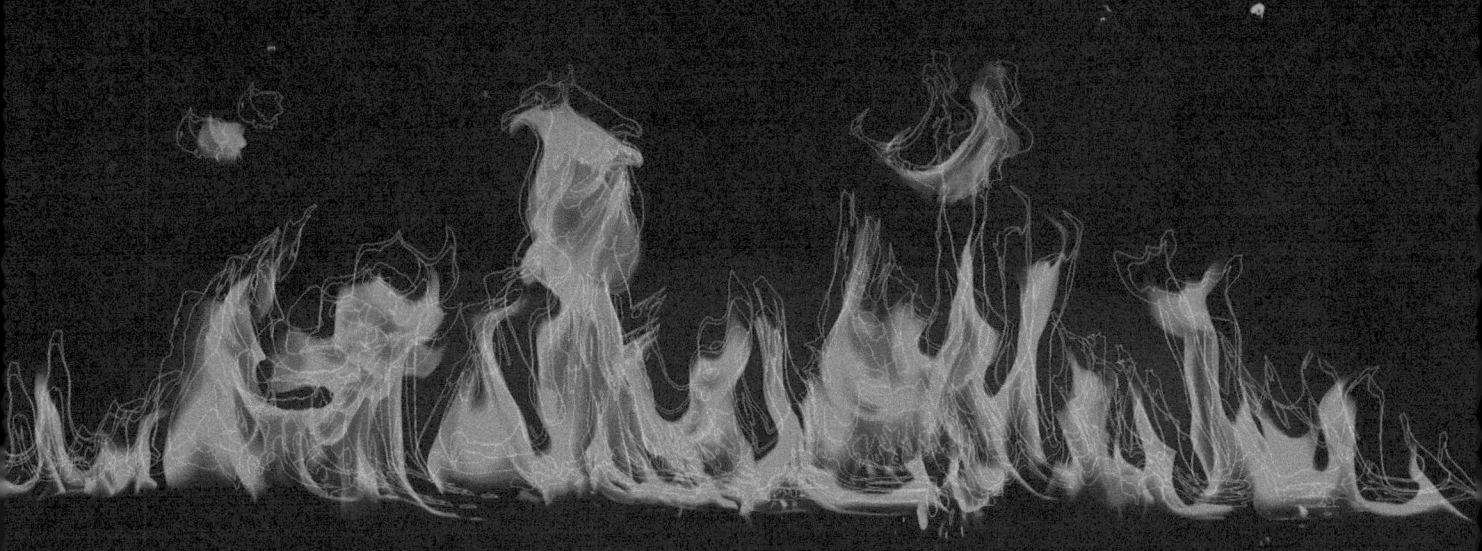

Juli 1982 – Es dauerte nicht lange, bis die Revolutionswächter erfuhren, wer meine Schwester war. Ich wurde ins Sepah-Gefängnis ganz in der Nähe gebracht. Dort wurden auch andere Gefangene verhört.

Zurück in unserer Zelle mit meinen wunderbaren Freunden, die wie eine Familie für mich waren, fühlte ich mich wie zu Hause, wenn es sich auch eigenartig anhört. Sie pflegten mich, bis es mir besser ging. Nach ein paar Wochen konnte ich sogar Handball mit ihnen spielen. Das war eine nette Abwechslung, hob unsere Laune und ließ uns die Qualen unserer Kerkerhaft für kurze Zeit vergessen. Rashid und Reza, die beiden Motaghi-Brüder, hatten einen Ball aus Socken fabriziert. Ich war der Kleinste von allen.

12. März 1983 – Brand im Gefängnis von Afsaran in Rascht
Ein großer Krieger sagte einmal: „Einige richtet das Feuer zugrunde, andere macht es härter." Das sind Momente, in denen Helden geboren werden.

Durch die Riegelschlitze der schwarzen Eisentür sahen wir das Feuer wüten. Es kam aus dem Zimmer der Wächter und raste auf unsere Zelle zu. Wächter sah man keine, aber es war viel Bewegung da draußen. Wir schrien vergeblich um Hilfe! Unsere Zelle füllte sich mit Rauch. Das einzige bisschen Luft kam von einem kleinen Fenster über der Toilette. Dort rannten wir alle hin.

Das Feuer breitete sich aus, der Rauch erstickte uns. Wir hatten keinen Sauerstoff mehr. Einige versuchten, sich Mut zu machen, sie machten Witze oder sangen, aber unsere Situation war verzweifelt. Wir waren ein zusammengewürfelter Haufen. Einige hatten aufgegeben und sich den Tyrannen gebeugt (wir nannten sie die Drückeberger); dann gab es noch Marxisten und progressive Muslime - alle zusammen in einer Abteilung.

UND NUR ZUSAMMEN KONNTEN WIR EINEN WEG FINDEN, UM UNS ZU RETTEN.

Mein Überlebensinstinkt meldete sich und ich leckte verzweifelt eine Wasserlache vom Boden auf.

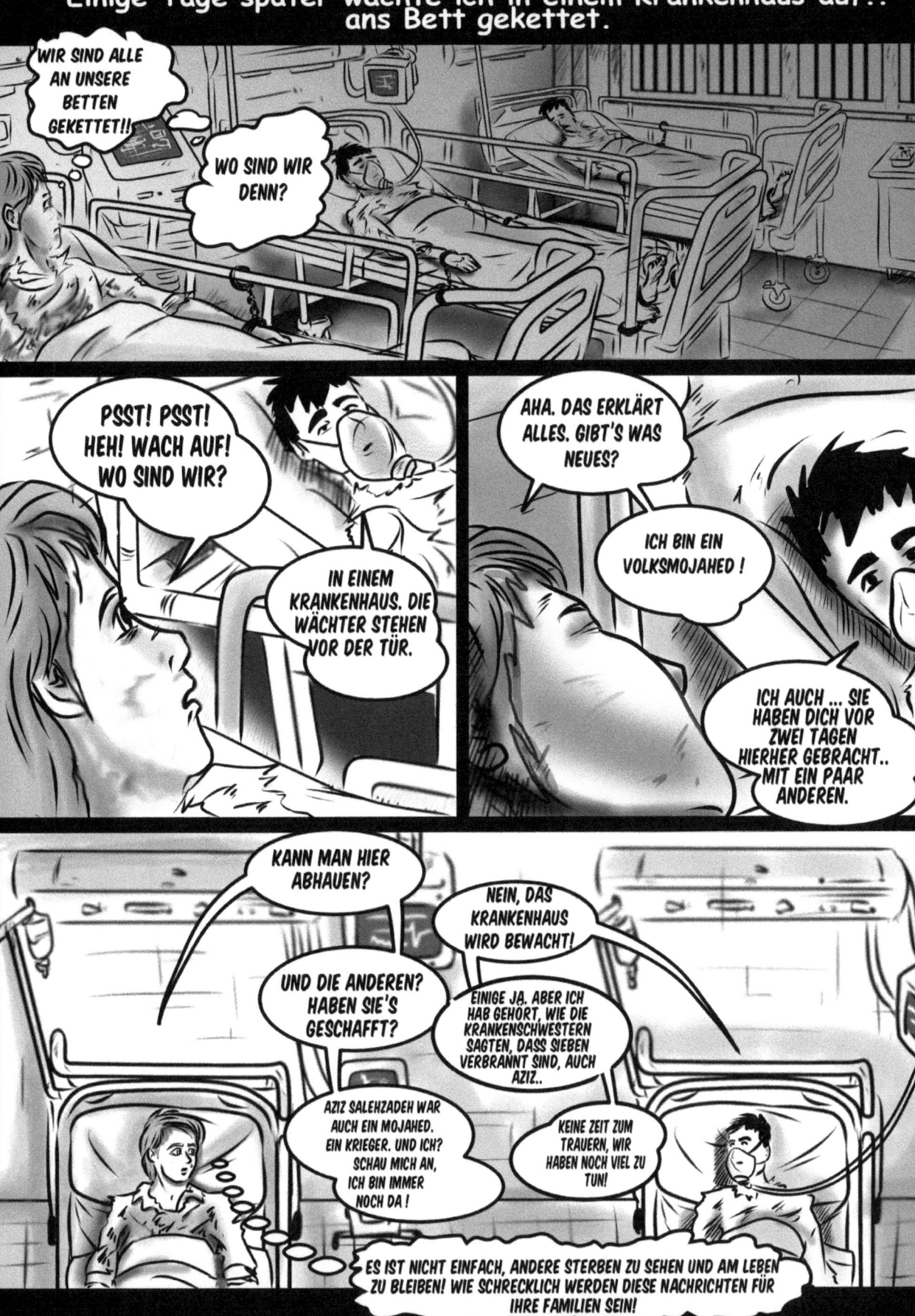

21. März 1983: Zum Persischen Neujahr, eine Woche nach der Brandstiftung durch unsere Wächter, wurden wir ins Sepah-Gefängnis in der Nähe von Pol Arak in Rascht verlegt. Dort beschlossen wir, unsere gefallenen Kameraden zu ehren, indem wir gemeinsam unsere Entschlossenheit zeigten.

KAPITEL 7

DER MORSECODE & MEINE MUTTER

TICK--
TICK--
TICK-
TICK--
TICK--
SOS
· · · — — — · · ·

Zwei Monate Folter in Einzelhaft. Und eines Tages, bevor ich in Abteilung 18 verlegt wurde:

Er hatte recht: wir zahlten einen hohen Preis. Wenn ein Krieger zwischen Leben und Integrität wählen muss... wird er sich für die Integrität entscheiden. Geben, lieben und anderen beistehen sind der größte Reichtum eines Menschen. Verlieren wir das, verlieren wir auch unsere Menschlichkeit.
In Gohardasht gab es drei Arten von Häftlingen: die, die zu ihren Freunden hielten und die Menschlichkeit gegen den Teufel verteidigten, die, die zusammenbrachen und ihre Seele an den Teufel verkauften, und die, die tatenlos zusahen, um nichts zu riskieren.

Winter 1987: Ich wurde ins Gefängnis von Rascht verlegt und 1988 freigelassen. Das war ein einmaliger, feierlicher Tag.... Vor dem Gefängnis wartete meine Familie auf mich.. ohne Mama.

Ich war frei, aber ich hatte ein ungutes Gefühl. Ich war in der Hölle gewesen und kam zurück.. aber ich hatte einen Teil von mir in diesem Gefängnis zurückgelassen. Ich war nicht mehr der gleiche Ahmad. Ich hatte einen höheren Auftrag. Ich musste in den Widerstand gehen, um all diese Momente von Furchtlosigkeit und Ritterlichkeit zu schildern. All den Wagemut und die Ereignisse, deren Zeuge ich war. Ich wollte schreien: „Schaut her, alle! WIR bleiben aufrecht, damit IHR nicht fallt!"

KAPITEL 8

DIE FLUCHT AM ENDE

Januar 1988: Meine Familie wollte, dass ich den Widerstand aufgäbe und so dächte und lebt wie sie. Aber wie hätte ich das gekonnt? Ich war ein anderer Mensch geworden.

Der Widerstand hatte einen Radiosender, der aus dem Ausland in den Iran sendete, so wie der französische Widerstand gegen Hitler seinen Sender auch außerhalb Frankreichs installiert hatte. Er übermittelte Nachrichten an Widerstandszellen, indem er Spitznamen benutzte – meiner war: Kleiner Prinz. Die Zeit schien stillzustehen, während ich auf eine Antwort wartete. Aber schließlich kam sie.

Frühjahr 1988: Ich wurde ungeduldig, ich musste handeln. Ich verkleidete mich, um meinen Kontaktmann zu treffen. Er war ein aus dem Gefängnis entlassener politischer Gefangener, der sehr bekannt war. Ich musste vorsichtig sein.

Ich beschloss, zu handeln und nahm Verbindung zu einem Schlepper auf, der mir versprach, mich in den Nordwesten des Iran, in die Nähe von Urmia, zu bringen. Von dort aus konnte ich mich dem Widerstand anschließen, ohne dass mich die Pasdaran entdeckten. Ich erkannte zu spät, dass er ein Informant war.

Auf halbem Weg wurde ich von den Pasdaran festgenommen und an einen Ort in der Nähe von Urmia gebracht. Sie haben mir nicht einmal die Augen verbunden.
Sie wussten bereits, wer ich war.

Das tapfere Mädchen hat etwas gesagt – sie besang die Freiheit.
„Oh Freiheit, für dich trotze ich dem Sturm...
für dich blutet mein Herz, für dich, oh Freiheit!"
Am nächsten Tag hörte ich keine Schreie mehr. Totenstille drang aus dem Zimmer.
Sie trugen ihre Leiche in einer Decke davon. Wir wussten nicht einmal, wie sie hieß.

SIE HABEN NIE VERSTANDEN, DASS AUS EINEM EINZIGEN SAMENKORN EIN MÄCHTIGER WALD ENTSTEHEN KANN.

Die Geschichte unseres Helden geht weiter...

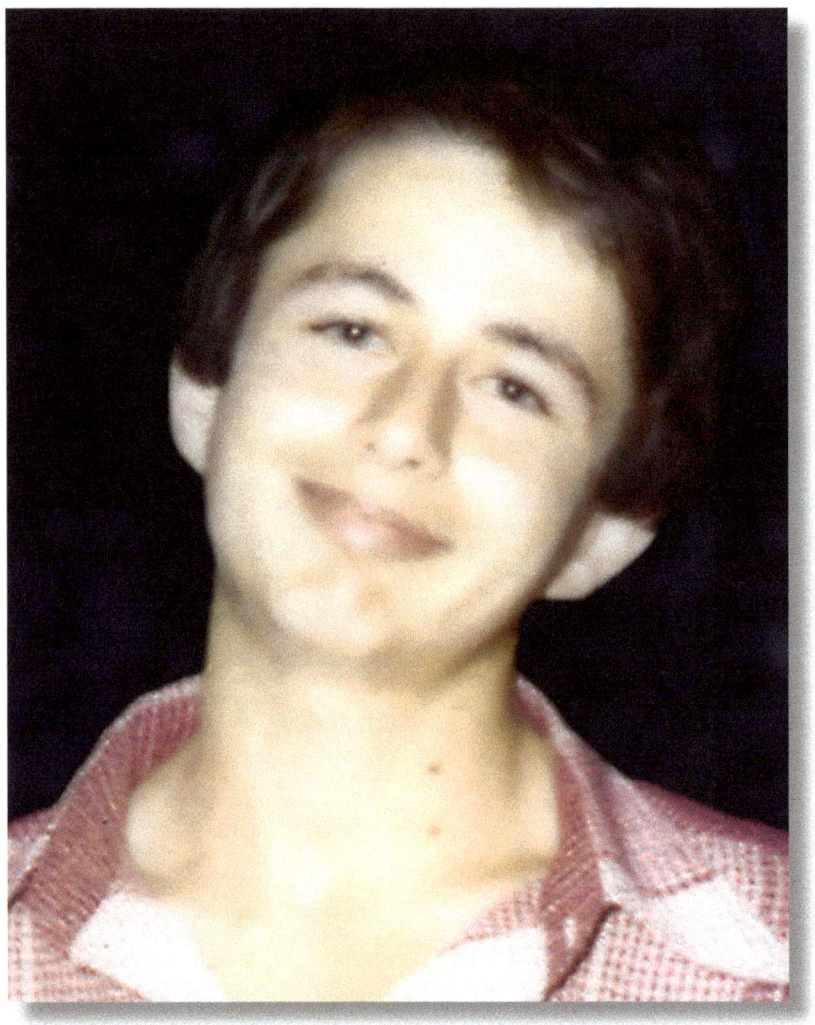

Wie unser Held Ahmad schon gesagt hat, kamen sie nie im Gefängnis von Täbris an. Im August 1988 brachten Mitglieder des Islamischen Revolutionswächter-Corps (Pasdaran) politische Gefangene in die Hügel am Urmia-See.

Den Gefangenen sagte man, sie würden ins Gefängnis nach Täbris gebracht. Mitglieder der Pasdaran hatten die Hinrichtungsstätte in den Hügeln bereits abgesichert. Sie waren mit Bajonetten, Macheten, Keulen, Messern, Beilen und Äxten bewaffnet.

Die Gefangenen waren angekettet und trugen Handschellen. Sie wurden von den Pasdaran regelrecht massakriert. Dorfbewohner, die auf die Schreie der Gefangenen hin herbeieilten, wurden festgenommen und von schwerbewaffneten Pasdaran am Näherkommen gehindert.

Die Hinrichtungsstätte im Mullah-Land, wo der kleine Prinz ermordet wurde.

Gefängnis von Urmia

Provinz West-Aserbaidschan

Das Massengrab liegt am Rand von Urmia

Provinz : West-Aserbaidschan
Adresse: Hügel am Urmia-See
Breitengrad: 37.3507; Längengrad: 45.0803
Geschätztes Datum des Bestattung: August 1988
Anm: Die Kartenkoordinaten sind annähernd genau.

Handelnde Personen
"Ein kleiner Prinz im Land der Mullahs"

Fatimeh Seighali

Ahmads Mutter. Sie unterstützte ihren Sohn bis zu ihrem letzten Atemzug. Sie wurde verhaftet, ingesperrt und von einem Mullah namens Moghadassi-Far verurteilt, einem Religionsrichter in Rascht. Dieser wurde später Mitglied des «Todeskomitees» dieser Großstadt am Kaspischen Meer. Er verurteilte ihren damals 16-jährigen Sohn und ihre Tochter zu langen Gefängnisstrafen. Ihr «Verbrechen» bestand darin, dass sich ihre Kinder der Organisation der Volksmojahedin im Iran angeschlossen hatten, einer Bewegung, die uch sie unterstützte. Sie starb im Alter von 43 Jahren an Krebs.

Massoumeh Raouf Basharidoust

Ahmads Schwester wurde im September 1981 verhaftet und in einem 10-minütigen Schauprozess zu 20 Jahren Gefängnis verurteilt. Ihr gelang die Flucht. Zur Zeit lebt sie im Exil. Sie engagiert sich in der Kampagne zur Rehabilitierung der Opfer der Massenhinrichtungen von 1988 und setzt sich dafür ein, dass die Verantwortliche für dieses bis heute ungesühnt gebliebenen «Verbrechen gegen die Menschlichkeit» zur Rechenschaft gezogen werden.

Hadi Saberi

Amahds Mitschüler in der Technologieschule von Rascht. Er wurde verhaftet und von der Basidsch-Miliz in der Bagherabad-Moschee gefoltert. Er wurde 1988 im Alter von 25 Jahren ermordet.

Mohammad-Ali Motamed

Ein Freund und Zellengenosse Ahmads. Er verbrachte drei Jahre im Gefängnis und ging danach in den Widerstand. Er starb als Märtyrer im Alter von 23 Jahren.

Rachid Motaghitalab

1982 saß er mit Ahmad in einer Zelle im Afsaran-Gefängnis in Rascht. Er wurde im Alter von 27 Jahren ermordet.

Reza Motaghitalab

Rachids Bruder und ein PMOI-Sympathisant im Afsaran-Gefängnis in Rascht im Jahre 1982. Er wurde 1988 im Alter von 24 Jahren ermordet.

Mohammad-Ali Haghgou

Ahmads Freund und Zellengenosse. Nach dem Brand im Gefängnis des Offiziersclubs (Afsaran) konnte er fliehen und sich dem Widerstand anschließen. Er lebt heute im Exil.

Asghar Mehdizadeh

Ahmads Freund und Zellengenosse. Sie saßen zusammen im Gohardasht-Gefängnis in der Nähe von Karadsch. Ashgar, der heute im Exil lebt, ist einer der Zeugen der Massenhinrichtungen von 1988.

Orte, an denen unser Held lebte....

Die hier geschilderten Ereignisse aus dem Leben unseres Helden fanden hauptsächlich in Rascht statt, einer Stadt, die vor allem für ihre grüne Umgebung und ihre lange Geschichte des Widerstands gegen die Fremdherrschaft bekannt ist. Sie ist die Hauptstadt der Provinz Gilan im Nordwesten des Iran und liegt zwischen dem Kaspischen Meer und den Hängen des Alborz-Gebirges entlang einem Arm des Flusses Sefid-Roud.

Historisch wird Rascht zum ersten Mal im Jahre 682 erwähnt, ist aber sicher älter. Die Stadt existierte bereits während des Sassaniden-Reiches und wurde von den Armeen Peters des Großen eingenommen (hier wurde 1732 ein Friedensvertrag zwischen Persien und Russland geschlossen). Sie erlebte später die Besatzung durch Russland und den britischen Kolonialismus.

In diesem Stadtviertel von Rascht lebte Ahmad

Lisar, ein schönes Dorf am Kaspischen Meer

Im ersten Kapitel dieses Buchs wird auf die Geschichte der Region verwiesen. Engagiert in der Verfassungsbewegung von Gilan spielten die Bewohner von Rascht nämlich auch eine wichtige Rolle in der verfassungsgebenden Revolution des Iran. Rascht war die erste Stadt, die 1920 von den Revolutionären unter Mirza Kochek Khan zur Republik erklärt wurde. Die Bewegung wurde von dem prorussischen Offizier Reza Khan blutig unterdrückt. Dieser machte sich später selbst zum König und gründete die Dynastie der Pahlavi.

Mirza Kocheek Khan

"Die halten uns für verrückt. Unser Blut im Norden hat eine lange Geschichte des Widerstands hinter sich!"

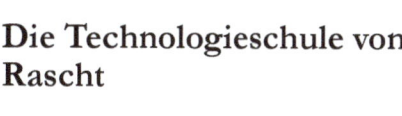

Die Technologieschule von Rascht

Hier studierte Ahmad Elektronik. Er wurde von den Basidsch-Milizen in der Bagherabad-Moschee gefoltert.

Die Verliese der IRGC (Pasdaran) in Rascht

Die Moschee, in der Ahmad gefoltert wurde

1-Das Sepah-Gefängnis in Rascht

Sitz der Pasdaran und gleichzeitig ein Verhör- und Folterzentrum. Zu Zeiten des Schahs war das Gebäude ein großes Gymnasium für Jungen. Später wurde es von den Mullahs beschlagnahmt. Nach ihrer Verhaftung verbrachten die Gefangenen die ersten Tage und Monate im Keller des zu einem Gefängnis umgebauten Hauses.

2-Das Revolutionsgericht

Hier fanden die Schauprozesse statt. Und hier wurden Ahmad, seine Schwester und ihre Mutter verurteilt.

3-Gefängnis des Offizierskasinos (Afsaran)

Vor der Revolution beherbergte dieses Gebäude das Offizierskasino der Marine und wurde oft zu Festen und Hochzeiten benutzt. Die Pasdaran konfiszierten es und machten daraus eine Haftanstalt für politische Gefangene. Direkt gegenüber befand sich das «Revolutionsgericht». Die Männerabteilung bestand aus drei Räumen und einem langen Gang.

Grundriss des Gefängnisses vor dem Brand

1. Männerabteilung
2. Gang der Männerabteilung
3. Frauenabteilung
4. Käfig
5. Folter- und Wächterraum

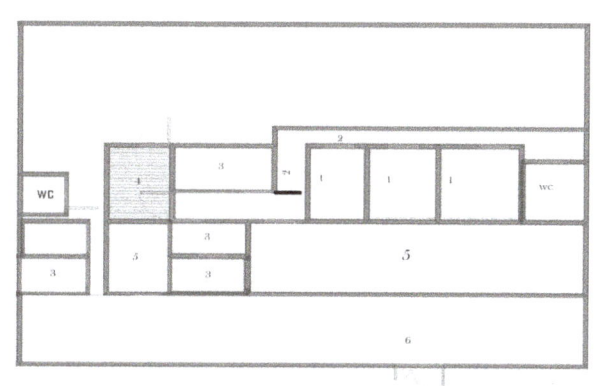

Das Evin-Gefängnis in Teheran

Das Evin ist ein riesiger Gebäudekomplex, der unter dem Schah für politische Gefangene gebaut wurde. Es liegt im Norden von Teheran am Fuß des über der Hauptstadt aufragenden Alborzmassivs. Das Khomeini-Regime ging so weit, dass es sogar den Verwaltungstrakt in Gefängniszellen umwandelte. Die verschiedenen Abteilungen des Gefängnisses werden vom Informationsministerium und den Revolutionswächtern überwacht, die dort täglich Gefangene foltern, nicht selten bis zu deren Tod.

Koordinaten: 35° 47' 43" nord, 51° 23' 08" Osten

Das Gohardasht-Gefängnis in Karadsch

Dieses Gefängnis liegt in Gohardasht, einem Vorort nördlich von Karadsch, rund 40 km westlich von Teheran. Es wird auch Rajai-Shahr genannt und ist berüchtigt wegen seiner 1000 Einzelzellen. Wegen der vielen dort begangenen Folterungen, Vergewaltigungen und Morde ist es eines der am meisten gefürchteten Gefängnisse des Iran..

Die letzte Flucht

Zeugen berichten, dass Ahmad das Land über seine westliche Grenze verlassen wollte. Er verließ Rascht, um nach Teheran und danach nach Urmia zu gehen. Zuletzt gesehen wurde er im Gefängnis von Urmia.

Zeugnisse der Bewohner der Dörfer am Urmia-See

"In dieser Nacht hörten wir grässliche Schreie. Wir liefen also in die Hügel, die den See umgeben. Wir sahen aneinander gekettete und mit Handschellen gefesselte Gefangene, die von Pasdaran mit Messern, Macheten, Keulen, Beilen und Äxten niedergemetzelt wurden. Die schwer bewaffneten Pasdaran bedrohten und verjagten uns."

Das tragische Blutbad von 1988 im Iran

Der August 1988 ist ein besonders düsterer Monat in den Annalen der Gefängnisse und Folterkammern des fundamentalistischen Regimes im Iran. Die Fatwa, das religiöse Dekret Khomeinis, führte zu einem Blutbad, das in der jüngeren Geschichte des Irans beispiellos ist.

Innerhalb weniger Monate wurden 30.000 wehrlose politische Häftlinge ermordet. Die meisten hatten jahrelange Haftstrafen abgesessen und rechneten mit ihrer Freilassung. Nicht wenige unter ihnen litten unter den Nachwirkungen jahrelanger Folterung und Einzelhaft. Einige mussten im Rollstuhl zum Galgen gefahren werden.

In jeder Stadt wurden sogenannte «Todeskommissionen» eingerichtet, die aus drei Mitarbeitern des Sicherheitsapparats des Regimes bestanden. Den Inhaftierten, von denen die meisten mit ihrer bevorstehenden Freilassung rechneten, wurden mehrere Fragen gestellt, ohne dass sie eine Ahnung hatten, wozu das Verhör diente: Verurteilst du deine Organisation? Stehst du treu zur Islamischen Republik? Willst du kooperieren?

Mitglieder und Sympathisanten der Mojahedin waren zwar die bevorzugten Opfer der systematischen Tötungen, systematisch gemordet wurden jedoch auch alle anderen Anhänger politischer Bewegungen. Überall im Land verurteilten Schnell - oder Standgerichte die Häftlinge zum Tod.

Über 30.000 politische Gefangene fielen dieser Hinrichtungswelle zum Opfer. Sie wurde später als „Verbrechen gegen die Menschlichkeit" eingestuft; ihre Haupturheber sind immer noch an der Macht.

Die UNO kündigte eine internationale Untersuchung dieser entsetzlichen Tragödie an. Die Angehörigen der Opfer setzen ihre internationale Kampagne fort, um die von Amnesty International als „Gefängnis-Massaker" beschriebene Gräueltat aufzuklären.

Auszug aus dem Schreiben Khomeinis, mit dem er das Gemetzel anordnete

Im Namen Allahs...

Da die verräterischen Monafeqin [Mojahedin] nicht an den Islam glauben, da ihre Worte voll Betrug und Heuchelei sind, ihre Führer gestanden haben, dass sie Abtrünnige sind, wegen ihres Krieges gegen Gott und wegen ihres systematisch mit militärischen Mitteln geführten Krieges an den nördlichen, westlichen und südlichen Grenzen Irans, wegen ihrer Zusammenarbeit mit der Baath-Partei Iraks und ihrer Spionage für Saddam Hussein gegen unsere muslimische Nation, wegen ihrer Verbindungen zum arroganten Westen (USA) und wegen der brutalen Schläge, die sie von Beginn an gegen die Islamische Republik gerichtet haben, müssen alle Mitglieder der Mojahedin und die, die sie weiter unterstützen, als Feinde betrachtet und daher hingerichtet werden.

In Teheran obliegt die Umsetzung dieses Dekrets dem Religionsrichter Hoslam ol-Islam Nayyeri, dem Teheraner Staatsanwalt Eshraqi und einem Vertreter des Informationsministeriums.

...Es wäre naiv, sich denen gegenüber gnädig zu zeigen, die Krieg gegen Gott führen. Die Entschlossenheit, mit der der Islam die Feinde Gottes behandelt, gehört zu den unbestrittenen Dogmen unseres islamischen Regimes. Ich hoffe, dass Ihr mit Eurem revolutionären Zorn und Eurem Rachegefühl gegen die Feinde des Islams dem Allmächtigen Gott zu seiner Zufriedenheit dient.

Wer ist für die Massenhinrichtungen 1988 im Iran verantwortlich?

Laut Informationen der PMOI sind die meisten Institutionen des iranischen Regimes heute noch mit Leuten besetzt, die bei den Massenhinrichtungen politischer Gefangener 1988 überall im Land eine maßgebliche Rolle spielten.

Der PMOI gelang es, Informationen über 78 Personen einzuholen, die für dieses Verbrechen gegen die Menschlichkeit verantwortlich sind. Ihre Identität wurde fast drei Jahrzehnte lang verheimlicht. Diese Mitglieder der Todeskommissionen in Teheran und in 10 weiteren Provinzen bekleiden weiterhin Schlüsselstellungen in verschiedenen Institutionen des Regimes.

Was waren die Todeskommissionen?

Nach der Fatwa Khomeinis Ende Juli 1988, in der er die Eliminierung politischer Häftlinge anordnete, wurden in 70 Städten Delegationen zur Umsetzung des Dekrets, sogenannte Todeskommissionen, eingerichtet. Bis dahin waren nur einige der von Khomeini offiziell ernannten Mitglieder der Teheraner Todeskommissionen namentlich bekannt. Die Todeskommissionen bestanden aus einem Religionsrichter, einem Staatsanwalt und einem Vertreter des Informationsministeriums.

Der inzwischen verstorbene Ayatollah Hossein-Ali Montazeri, designierter Nachfolger Kohmeinis, verurteilte 1988 in einem Treffen mit den Mitgliedern der Todeskommission in Teheran scharf das Ausmaß der Massenhinrichtungen in den Gefängnissen. Rund 30.000 politische Gefangene, einige von ihnen zum Zeitpunkt ihrer Verhaftung gerade 14 und 15 Jahre alt, wurden ermordet und heimlich in Massengräbern verscharrt.

In einem von der PMOI veröffentlichten Dokument werden einige Opfer dieser Massenhinrichtungen aufgezählt. Darunter sind 789 Jugendliche, 62 schwangere Frauen, 410 Familien, von denen mehr als drei Mitglieder hingerichtet wurden. Natürlich ist diese Liste unvollständig, da sie heimlich erstellt werden musste.

Drei Fragen, die über Leben oder Tod entschieden

Richter: «Was für einer politischen Richtung gehörst du an? Bist du ein Heuchler?»
Gefangener: **Nein**

Richter: «Bist du bereit, die Heuchler zu verdammen?»
Gefangener: **Nein**

Richter: «Bist du bereit, vor laufender Kamera ein Geständnis abzulegen?»
Gefangener: **Nein**

Richter: «**Dann bist du also ein Verräter. Richtet ihn hin!**»

Allahverdi Moghadassifar,

Der Religionsrichter von Rascht, der Ahmad, seine Schwester und ihre Mutter verurteilte. Während der Massenhinrichtungen im Jahr 1988 war er ein prominentes Mitglied der Todeskommission von Rascht. Er unterzeichnete das Todesurteil von Tausenden junger Oppositioneller. Er ist Vizepräsident für juristische Angelegenheiten und stellvertretender Verwaltungsgerichtspräsident.

United Nations  A/HRC/38/NGO/122

General Assembly

Der Hohe Kommissar muss den Internationalen Untersuchungsausschuss zu den Massenhinrichtungen im Jahre 1988 im Iran unterstützen

UN-Menschenrechtsrat – 38. Sitzung
18.Juni – 6.Juli 2018

Vereinte Nationen
Generalversammlung

Allgemeine Verteilung
13. Juni 2018

Gemeinsame schriftliche Stellungnahme der Internationalen Vereinigung für Frauen- und Menschenrechte, France Libertés (Stiftung Danielle Mitterand, keiner Regierung angehörende Organisationen mit besonderem Beraterstatus), Bewegung gegen Rassismus und für die Freundschaft zwischen den Völkern (MRAP), auf der Liste erscheinende keiner Regierung angehörende Organisationen.

Eine der Hauptursachen für den Zynismus, mit dem die iranische Regierung heute weiterhin politische Gegner eliminiert, liegt darin, dass sie für frühere schreckliche Menschenrechtverletzungen, die grausamste darunter die Massenhinrichtungen von 30.000 politischen Gefangenen im Jahre 1988, weiterhin Straflosigkeit genießt.
Diese Hinrichtungen erfolgten im Anschluss an ein Dekret des Obersten Führers Ayatollah Khomeini. Darin befahl er die Hinrichtung aller politischen Häftlinge, die der Organisation der Volksmodjahedin im Iran (PMOI), der wichtigsten Oppositionsgruppe angehörten und dieser Organisation weiterhin anhingen. Die im ganzen Land eingerichteten dreiköpfigen Komitees, die sogenannten Todeskommissionen, verurteilten die politischen Gefangenen, die ihren politischen Überzeugungen treu blieben, zum Tode.
Politische Häftlinge anderer Widerstandsgruppen wurden ungefähr einen Monat nach Beginn der Morde zu den Opfern einer zweiten Hinrichtungswelle.
Alle Opfer wurden in geheimen Massengräbern beigesetzt.
Die Täter genießen bis heute völlige Straffreiheit. Viele von ihnen besetzen prominente Posten in der iranischen Justiz oder der Regierung. Dazu gehört auch der heutige Justizminister.

Fast 30 Jahre nach diesen illegalen Massenhinrichtungen politischer Häftlinge sind wir – solange die volle Wahrheit nicht ans Tageslicht kommt und die Täter nicht voll zur Rechenschaft gezogen werden – der Überzeugung, dass die iranische Regierung keinen Grund sieht, ihre derzeitige Menschenrechtspolitik zu ändern.

Bericht der UN-Sonderberichterstatterin

über die Menschenrechtssituation in der Islamischen Republik Iran

5. März 2018 (Auszug)

Summarische Hinrichtungen 1988

.... 21. Seit der Veröffentlichung ihres vorigen Berichts hat die Sonderberichterstatterin weitere Dokumente und Briefe über summarische Hinrichtungen und Entführungen von tausenden von politischen Gefangenen – Männer, Frauen und Jugendlichen – im Jahr 1988 erhalten. Allein 2017 gingen über 150 Einzelanträge ein. Im Rahmen ihres Auftrags traf die Sonderberichterstatterin auch Angehörige der Opfer. Diese schilderten, wie schwierig es war, Informationen über die Ereignisse, d.h. die Massenhinrichtungen von 1988, einzuholen, die offiziell nicht zugegeben werden. Die Sonderberichterstatterin hörte auch unmittelbare Berichte derjenigen, die gemobbt werden, weil sie immer noch zusätzliche Informationen über die 1988er Ereignisse anfordern.

22. Die Sonderberichterstatterin bekräftigt erneut, dass die Angehörigen ein Anrecht auf Regress, Entschädigung und die Wahrheit über die Hinrichtungen von 1988 und das Schicksal der Opfer haben.
Die Sonderberichterstatterin zeigte sich auch beunruhigt über die Berichte der Schändung von Massengräbern in Mashad, Provinz Khorassan Razavi, und in Ahvaz und fordert die Regierung mit Nachdruck auf, diese Orte zu erhalten und zu schützen, bis eine Untersuchung der Ereignisse stattfinden kann.

Ayatollah Ali Montazeri:

«Das größte Verbrechen in der Islamischen Republik, für das uns die Geschichte verurteilen wird, wurde von Ihnen begangen.»

Im Sommer 2016 tauchte in den sozialen Medin eine schockierende Tonbandaufnahme auf, die den Umfang der Massenhinrichtungen von 1988 erhellte. Diese Aufnahme wurde nach 28 Jahren veröffentlicht und schockierte die Menschen im Iran zutiefst.

Es handelte sich um die Aufzeichnung eines geheimen Treffens am 15. August 1988 zwischen Ayatollah Montazeri, der damals zum Nachfolger Khomeinis bestimmt war, und Mitgliedern der Todeskommission, die Khomeinis Dekret über die Massenhinrichtungen ausgeführt hatten. Man hört Montazeri ganz klar folgendes sagen: "Sie haben das größte Verbrechen in der Islamischen Republik begangen, für das uns die Geschichte verurteilen wird. Ihre Namen werden in die Annalen der Geschichte als die von Verbrechern eingehen.

Montazeri wurde von Khomeini entlassen und starb 2009 unter Hausarrest.

Anzali (North) — Soume'eh Sara — Tabriz (North-West) — Ahwaz (South-West)

Dezful (South-West) — Rasht (North) — Andimeshk (South-West) — Bandar-Abbas (South)

« Justice for Iran » : Im Iran gibt es über 120 Massengräber der Hinrichtungsopfer von 1988

Amnesty International, 30. April 2018 (Auszug)

Neues Beweismaterial, darunter die Analyse von Satellitenbildern, Fotos und Videos, zeigt, dass die iranischen Behörden absichtlich vermutete und bekannte Massengräber zerstört, die während der Massenhinrichtungen von 1988 entstanden sind, bei denen tausende politische Häftlinge verschwanden und ermordet wurden, wie aus einem am 30.04.2018 von Amnesty International und Justice for Iran veröffentlichten Bericht hervorgeht.

Der Bericht „Kriminelle Vertuschung - Der Iran vernichtet Massengräber der Opfer des Massakers von 1988" enthüllt, dass die iranischen Behörden Erdbauarbeiten vornehmen, Gebäude und Straßen bauen, Müll deponieren und neue Gräberkonzessionen an Orten ausgeben, an denen Massengräber vermutet werden.

„Die Massenmorde, die 1988 im Iran begangen wurden, haben eine Wunde hinterlassen, die niemals verheilt. Durch die Zerstörung dieser entscheidenden forensischen Beweismittel fördern die iranischen Behörden absichtlich ein Klima der Straffreiheit." So Philip Luther, Direktor für Forschung und Interessenvertretung des Nordafrika- und Nahostprogramms von Amnesty International.

„Dies sind Tatorte, die als solche geschützt werden müssen, bis unabhängige, ernsthafte forensische Untersuchungen durchgeführt werden, um die sterblichen Überreste der Opfer

Isfahan(Central Iran)

Arak (central Iran)

Tehran

Gorgan(North)

Tehran

Tehran(Behesht-zahra cemetery)

zu identifizieren und die Umstände ihres Todes zu klären", sagte Shadi Sadr, Justizdirektor für den Iran.

Die iranischen Behörden haben sich fast 30 Jahre lang konsequent über das Schicksal der Opfer ausgeschwiegen und nie bekanntgegeben, wo ihre Überreste ruhen. Man hat sie verschwinden lassen, was nach internationalem Recht ein Verbrechen darstellt.

„Seit diesem grausamen Massaker sind 30 Jahre vergangen. Es ist höchste Zeit, dass die Behörden ernsthafte Schritte unternehmen, um die Wahrheit aufzudecken, anstatt sie noch länger zu verschleiern", sagte Luther.

Fotos

1 – Anzahli (Nordiran): Massengräber der Opfer von 1988
2 – Soumeeh Sara/Kasma (Nordiran) – Opfer wurden auf dieser Lichtung begraben
3 – Täbris – (Nordwestiran) – Friedhof Vadi Rahmat
4 – Ahwaz – (Südwestiran) – Friedhof Behecht-Abad – Das Regime wollte die Gräber durch Überflutung verschwinden lassen.
5 – Isfahan (Zentrum) – Massengräber
6 – Arak (Zentrum) – Massengräber auf dem Friedhof Aramestan
7 – Teheran – Khavaran Friedhof, hier befinden sich die meisten Massengräber der Opfer von 1988
8 – Dezfoul (Südwestiran) – Massengräber, auf denen die Gebäude des „Heiligen Verteidigungszentrums" errichtet wurden
9 – Rascht (Nordiran) – Friedhof Tazeh-Abad
10 – Andimechk (Südwestiran) – Massengräber, über denen ein Park angelegt wurde
11 – Bandar-Abbas (Südiran) – Massengräber
12 – Gorgan (Nordiran) – viele Opfer sind im Jangali Park begraben
13 – Teheran – Friedhof Behecht-Zahra, Abteilung 41. Massengräber sind über mehrere Abteilungen verstreut, darunter Nr. 287, 105, 106, 99, 98, 93 und 41.

Wer sind die Volksmojahedin des Iran und ihre Organisation (PMOI)?

Die Organisation der iranischen Volksmojahedin (PMOI) ist eine prodemokratische muslimische Bewegung, die zur Hauptoppositionsgruppe gegen das Khomeini-Regime wurde. Gegründet wurde die Organisation 1965 von Intellektuellen, die den demokratischen Premierminister Mohammad Mossadegh unterstützten, der Verfechter einer säkularen Demokratie war. Mossadegh widersetzte sich dem in der jüngeren Geschichte des Iran zunehmenden Einfluss ausländischer Großmächte und verstaatlichte 1950 die Ölindustrie.

Die PMOI trat für einen toleranten, demokratischen Islam ein und lehnte sich gegen die Diktatur des Schahs auf, der ihre Gründer und viele ihrer Mitglieder hinrichten ließ. Nach der Revolution von 1979 fand sie große Zustimmung bei der iranischen Jugend und wurde somit zur ersten politischen Oppositionskraft gegen die Diktatur der

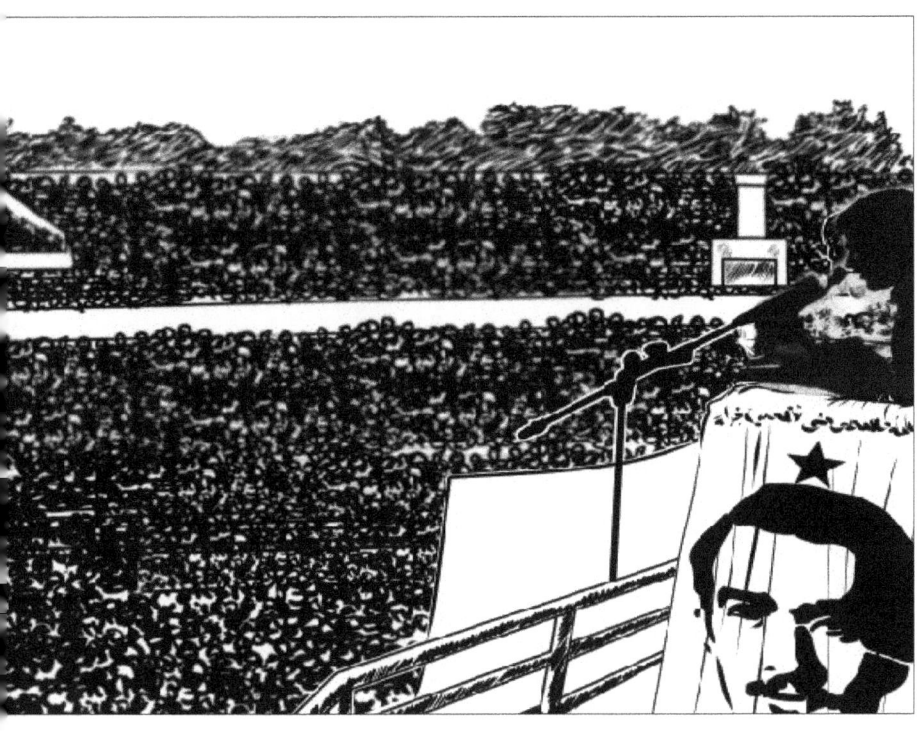

Mullahs. Die Volksmojahedin lehnten die Bildung einer theokratischen Regierung und einen Obersten Führer als Vormund des Volkes ab. Diese Ablehnung trug ihnen eine gnadenlose Verfolgung ein, die bis heute andauert. Über 120.000 ihrer Mitglieder und Anhänger wurden vom Mullah-Regime ermordet. Am 20. Juni 1981 befahl Khomeini die blutige Niederschlagung einer friedlichen Großdemonstration von 500.000 PMOI-Sympathisanten in Teheran und beendete damit jede Möglichkeit einer gesetzlichen Opposition. Damit begann für die Volksmojahedin ein langer Widerstand gegen dieses theokratische Regime. Im Juli 1981 gründete Massoud Rajavi, der historische Führer der PMOI, die Koalition des Nationalen Widerstandsrates des Iran (NWRI) in Teheran, die sich für eine säkulare, pluralistische Republik, die Gleichberechtigung von Frauen und Männern und die Einhaltung der Menschenrechte einsetzt.

Massoud Rajavi,
der historische Führer der Volksmojahedin im Jahr 1979

Ahmad Raouf Basharidoust

Ein im Massaker von 1988 gestohlenes Leben

1980 war Ahmad erst 16 Jahre alt, als er das erste Mal von den Revolutionswächtern festgenommen wurde. Zwischen 1980 und 1981 wurde er mehrmals verhaftet und gefoltert, da er an Sitzungen der Volksmudschaheddin (PMOI), der demokratischen Opposition gegen die Mullahs, teilgenommen hatte. 1982 wurde er zu Hause in Rascht, einer Großstadt am Kaspischen Meer, bei einer Razzia der Revolutionswächter verhaftet.

Ende 1982 wurde Ahmad nach langen Verhören und Folterungen von einem Mullah namens Moghadassi-Far, einem Religionsrichter in Rascht, zu fünf Jahren Gefängnis verurteilt. Am 12. März 1983 setzten die Pasdaran das Gefängnis in Brand und schossen auf politische Gefangene, die zu fliehen versuchten. In den Flammen starben sieben der PMOI angehörende Häftlinge. Ahmad, der bewusstlos geworden war, wurde von einem Mithäftling gerettet.

Einige Monate später, im Juni 1983, beschloss der Staatsanwalt von Rascht, da es ihm nicht gelang, den Widerstand im Gefängnis zu brechen, 40 Gefangene, darunter auch Ahmad, zu verlegen. Er wurde ins Evin-Gefängnis von Teheran gebracht, später ins Gohardasht-Gefängnis in Karadsch.

1984 erhielt ich schließlich die Erlaubnis zu einem sehr kurzen Besuch. Er zeigte deutliche Spuren von Folterungen und Schlägen. Er berichtete mir kurz, was geschehen war und wie man ihn auch im Fastenmonat Ramadan, den er befolgte, folterte. Ahmad bat mich, der Organisation der Volksmodjahedin von diesem heroischen Kampf zu berichten. Sie waren in Hungerstreik getreten, um gegen die unmenschlichen Bedingungen im Gefängnis und die Grausamkeit des Regimes zu protestieren." Das erzählt ein Verwandter Ahmads.

Ahmad wurde nach fast sechs Jahren Gefangenschaft im März 1988 entlassen und versuchte, das Land zu verlassen, um sich dem Widerstand anzuschließen.

Im März 1988 schilderte er in einem Brief an seine Schwester seine Haftbedingungen: „Wenn ich dir alles erzählen wollte, was ich in den letzten Jahren erlebt habe, dann müsste ich Bände schreiben. Heben wir uns deshalb den Bericht über diese erzwungene Reise und den Schmerz lieber für ein anderes Mal auf."

Zwei oder Monate später tappt er jedoch in eine Falle des Informationsministeriums. Er wird erneut verhaftet und gefoltert. Diesmal bringt man ihn ins Gefängnis von Urmia, im Nordwesten des Iran.

Im August 1988 fahren Angehörige der Pasdaran politische Gefangene, meistens PMOI-Mitglieder, darunter auch Ahmad, in zwei Minibussen in die Hügel am Urmia-See. Den Gefangenen sagt man, sie würden ins Gefängnis von Täbris verlegt. Die Pasdaran schotten zuvor die Hinrichtungsstätte in den Hügeln ab. Sie sind mit Bajonetten, Messern, Macheten, Knüppeln, Messern, Beilen und Äxten bewaffnet.

Die angeketteten und mit Handschellen gefesselten Häftlinge werden von den Pasdaran regelrecht massakriert. Bewohner der

Ahmad mit seiner Mutter im Jahr 1981

umliegenden Dörfer, die ihre Schreie hören, und herbeilaufen, werden von schwer bewaffneten Pasdaran zurückgehalten.

1991 teilen Agenten des Informationsministeriums Ahmads Vater mit, dass er im Gefängnis von Urmia hingerichtet wurde. Sie sagen ihm jedoch nicht, wo er begraben worden ist.

Im Gefängnis schrieb Ahmad Gedichte.

Auch im tiefsten Unglück lässt sich der Iran nicht zum Schweigen bringen,
in unserer langen Nacht fließt das Blut der Unschuldigen überall.
Wenn wir kämpfen geht die Sonne wieder auf.
Wir müssen handeln.
Wir müssen einen Eid im Namen des Blutes der Unschuldigen ablegen.
Wir müssen handeln. Wir müssen handeln.

Unterstützt wird dieses Projekt von :

Justice for the Victims of the 1988 Massacre in Iran (JVMI)
https://iran1988.org

Comité de soutien aux droits de l'homme en Iran (CSDHI)
https://www.csdhi.org

Die Wahrheit ist auf dem Weg und nichts kann sie aufhalten.
Wenn man die Wahrheit verschließt und in den Boden vergräbt, dann wird sie nur wachsen und so viel explosive Kraft ansammeln, dass sie an dem Tag, an dem sie durchbricht, alles, was ihr im Wege steht, davonfegt.

Emile Zola

Über den NCRI-US

Der Nationale Widerstandsrat des Iran – US-Repräsentanz (NCRI-US) fungiert als Washingtoner Büro für das iranische Exilparlament, den National Council of Resistance of Iran, der sich der Errichtung einer demokratischen, säkularen und nicht-nuklearen Republik im Iran widmet.

NCRI-US, registriert als gemeinnützige steuerbefreite Organisation, war maßgeblich daran beteiligt, das Atomwaffenprogramm des Iran, einschließlich der Standorte in Natanz und Arak, das biologische und chemische Waffenprogramm des Iran, sowie sein ehrgeiziges ballistisches Raketenprogramm zu enthüllen.

NCRI-US hat auch das terroristische Netzwerk des Regimes aufgedeckt, sowie seine Beteiligung an der Bombardierung der Khobar-Türme in Saudi-Arabien, des Jüdischen Gemeindezentrums in Argentinien, seiner Anstachelung sektiererischer Gewalt im Irak und in Syrien sowie seiner unheilvollen Aktivitäten in anderen Teilen des Nahen Ostens.

Unser Büro hat über die Menschenrechtsverletzungen im Iran, die Massendemonstrationen gegen die Regierung und die Bewegung für einen demokratischen Wandel im Iran informiert.

Besuchen Sie unsere Website unter www.ncrius.org

Sie können uns auf @ncrius folgen.

Ihr könnt Ahmads Geschichte über die sozialen Netzwerke verbreiten. Kommentare könnt Ihr an folgende Adressen senden :

 iran.petitprince@gmail.com

 @AhmadRaouf1343

http://iran-petit-prince.blogspot.com

www.ingramcontent.com/pod-product-compliance
Lightning Source LLC
Chambersburg PA
CBHW041646040426